VISITAS A JESUS SACRAMENTADO

Organização e compilação
Diác. Fernando José Bondan

VISITAS A JESUS SACRAMENTADO

Meditações patrísticas e orações

EDITORA VOZES

Petrópolis

© 2018, Editora Vozes Ltda.
Rua Frei Luís, 100
25689-900 Petrópolis, RJ
www.vozes.com.br
Brasil

Todos os direitos reservados. Nenhuma parte desta obra poderá ser reproduzida ou transmitida por qualquer forma e/ou quaisquer meios (eletrônico ou mecânico, incluindo fotocópia e gravação) ou arquivada em qualquer sistema ou banco de dados sem permissão escrita da editora.

CONSELHO EDITORIAL

Diretor
Gilberto Gonçalves Garcia

Editores
Aline dos Santos Carneiro
Edrian Josué Pasini
Marilac Loraine Oleniki
Welder Lancieri Marchini

Conselheiros
Francisco Morás
Ludovico Garmus
Teobaldo Heidemann
Volney J. Berkenbrock

Secretário executivo
João Batista Kreuch

Editoração: Fernando Sergio Olivetti da Rocha
Diagramação: Sheilandre Desenv. Gráfico
Revisão gráfica: Nilton Braz da Rocha
Capa: WM design
Ilustração de capa: © Renata Sedmakova | Shutterstock

ISBN 978-85-326-5780-0

Editado conforme o novo acordo ortográfico.

Este livro foi composto e impresso pela Editora Vozes Ltda.

Prefácio

É com alegria que apresento este livrinho dedicado a Jesus, presente na Eucaristia de cada sacrário do mundo inteiro.

Nos sacrários do mundo bate o Sagrado Coração daquele que tanto amou os homens. Lá, Jesus quis "ficar", para que o homem soubesse aonde ir, a fim de encontrar-se com o seu Senhor em intimidade. Claro que Deus está presente em toda parte, mas a forma da sua presença na Eucaristia é única. Santo Tomás disse que por sua virtude ou poder Deus está presente em todos os sacramentos, mas na Eucaristia Ele está todo e inteiro: corpo, sangue, alma e divindade. É toda a pessoa do Ressuscitado que vive na Eucaristia!

Como compreender tão grande mistério? A palavra "mistério" designa algo que não pode ser totalmente compreendido. Isso não significa que não possamos saber nada dele, nada do mistério eucarístico. Uma parte do mistério de amor Deus permitiu ao homem investigar e amar.

Em nosso livro há meditações e orações de homens de grande santidade e saber. Muitos deles remontam às origens do cristianismo, lá onde as águas da fonte ainda estavam puras e cristalinas. Buscava-se a verdade da Palavra de Deus com o coração mais do que com a razão.

São desses textos patrísticos que recolhi alguns e coloquei neste livro, para que cada um de nós possa meditar sobre tão grande mistério cada vez que for fazer uma visita a Jesus sacramentado.

Em cada sacrário bate o Sagrado Coração de Jesus! Muitas são as pessoas que sentem este "bater" que lhes chama para um colóquio de amor, como a Maria do Evangelho. E por que bate o Coração? A aparição de Jesus a Santa Margarida Maria e a tantos outros santos nos responde: "Eis o Coração que tanto amou os homens"!

Muitos também desejariam receber o Senhor sacramentalmente, mas devido ao seu estado de vida, seus compromissos diários os(as) impedem. Para isso, introduzi logo após a leitura a prática da "comunhão espiritual".

Em que ela consiste? Em invocar o Senhor, manifestando o profundo desejo de recebê-lo sacramentalmente, mas como naquele momento isso não é possível, pedimos que o Senhor em sua misericórdia venha ao menos espiritualmente ao nosso coração. Não recebemos, por assim dizer, a "hóstia", mas os efeitos que o sacramento produz como se você tivesse comungado.

Para a comunhão espiritual servi-me da maravilhosa e substancial invocação "Alma de Cristo"; mas isso em nada impede que você a substitua por outra, como a de Santo Afonso Maria de Ligório, também muito utilizada.

* * *

O livro foi feito para visitar o sacrário e meditar sobre o mistério eucarístico durante trinta dias. Isso significa que cada dia está previsto. Os textos foram pensados para uso pessoal, mas nada impede de adaptá-los à vida comunitária. Poderia se organizar da seguinte forma:

1) Canto inicial.

2) Dirigente ou coordenador: puxa o sinal da cruz, o "Graças e louvores" e o início das orações.

3) Leitor 1: poderia fazer a leitura do evangelho do dia.

4) Cantor: canto sálmico, de louvor ou adoração.

5) Leitor 2: leitura do texto patrístico.

6) Um momento de silêncio adorador.

7) Comunhão espiritual: individual ou comunitária.

8) Coordenador: oração final.

9) Se não há ministro ordenado presente, um "ministro extraordinário da Sagrada Comunhão" ou um "catequista" pode invocar a bênção sobre si e sobre o grupo, mas sem traçar o sinal da cruz sobre todos. Pode usar a bênção de Nm 6,24-26.

10) Em caso individual, cada um invoca sobre si a bênção, traçando o sinal da cruz e dizendo: "O Senhor nos abençoe, livre-nos de todo mal e nos conduza à vida eterna", tal como na Liturgia das Horas.

Uma boa e santa adoração a todos!

VISITAS A JESUS SACRAMENTADO

Alma de Cristo, santificai-me;
Corpo de Cristo, salvai-me;
Sangue de Cristo, embriagai-me;
Água do lado de Cristo, lavai-me;
Paixão de Cristo, confortai-me;
Ó meu bom Jesus!, ouvi-me;
Dentro de vossas chagas, escondei-me;
Não permitais que eu me separe de Vós;
Do maligno inimigo, defendei-me;
Na hora de minha morte, chamai-me;
E mandai-me ir para Vós,
para que com vossos santos vos louve
pelos séculos dos séculos. Amém.

Nós vos adoramos,
Santíssimo Senhor Jesus Cristo,
aqui e em todas as igrejas do mundo,
e vos bendizemos,
porque pela vossa santa cruz remistes o mundo.

Em nome do Pai e do Filho e do
Espírito Santo. Amém.

V: Graças e louvores se deem a todo momento. (3x)

R: Ao santíssimo e diviníssimo sacramento. (3x)

Considerai com os olhos da fé o Corpo e o Sangue de vosso Deus, manifestai vossa admiração através de vosso respeito. Tocai-o com a alma, recebei-o com a mão do coração, tomai-o para alimentar-se, em especial interiormente. O Corpo que vos foi dado pela dispensação do presbítero, ele é tão grande em uma parte como no todo. Quando os fiéis aproveitam para recebê-lo, está perfeito em todos, e cada um o recebe por inteiro. Nisto ele é muito diferente de todos os outros alimentos, porque se apresentássemos um pedaço de pão a muitas pessoas aflitas de fome, cada uma delas não o comeria por inteiro, porque se dividiria em partes de acordo com o número de comensais. Mas deste verdadeiro pão cada um tem tanto como todos juntos. Um só o come inteiro, dois o recebem por inteiro, muitos o tomam por inteiro sem nenhuma diminuição.

(São Cesáreo de Arles († 543). Homilia 7)

Reza-se a oração *Alma de Cristo* ou *Nós vos adoramos*, como no encarte (ou p. 9).

Oração: Vinde, Divino Espírito Santo, instrui minha consciência e fortalece o amor do meu coração. Quero sempre respeitar a presença de Jesus sob os véus do pão e do vinho, inclinando meu coração, mas também meu corpo, em sinal de adoração. Que minha comunhão sempre revele o grande amor que tenho por Jesus. Amém.

Em nome do Pai e do Filho e do
Espírito Santo. Amém.

V: Graças e louvores se deem a todo momento. (3x)
R: Ao santíssimo e diviníssimo sacramento. (3x)

Podemos afirmar com razão que, assim como o pão que serve de alimento ao homem e o vinho misturado com água, que lhe serve de bebida, se convertem na substância de seu corpo e de seu sangue, da mesma forma o pão e o vinho misturados com água se mudam no corpo e no sangue de Jesus Cristo de modo admirável, e com a invocação e a vinda do Espírito Santo. Não são dois corpos diferentes, mas um só e único corpo. Disto se conclui que Ele comunica aos que o recebem dignamente com fé o perdão dos pecados e a vida eterna, e dá uma particular força ao corpo e à alma. Portanto, o pão e o vinho não são a figura do corpo de Jesus Cristo – nem permita Deus que eu o diga! –, são o mesmo corpo e o mesmo sangue de Jesus Cristo unidos à divindade (deificado). Na verdade, o Senhor não disse: isto é a figura de meu corpo, mas *Isto é o meu corpo*. Não disse: isto é a figura de meu sangue, mas *Este é o meu sangue*.

(São João Damasceno († c. 750). *A fé ortodoxa*, 4,13)

Reza-se a oração *Alma de Cristo* ou *Nós vos adoramos*, como no encarte (ou p. 9).

Oração: Vinde, Divino Espírito Santo, porque sem a tua ação e presença não há Eucaristia. Assim como o pão e o vinho que receberam a tua ação e as sagradas palavras já não são mais o que eram, mas se transformaram no corpo e no sangue do nosso redentor; assim nós te pedimos, quando comungarmos, que sejamos deificados e tornados participantes da natureza divina. Amém.

Em nome do Pai e do Filho e do
Espírito Santo. Amém.

V: Graças e louvores se deem a todo momento. (3x)

R: Ao santíssimo e diviníssimo sacramento. (3x)

Quando celebramos nas igrejas o sacrifício incruento, anunciamos a morte de Jesus Cristo, e professamos sua ressurreição e ascensão. A carne sagrada e o precioso sangue do qual participamos quando chegamos às Eulógias (Eucaristias) místicas nos santificam. Por isso nós não a recebemos como uma carne comum, nem como carne de um homem santificado, ou junto ao Verbo somente pela união de dignidade (moral), mas sim como uma carne vivífica e própria do Verbo, o qual sendo por sua natureza "vida", visto que é Deus, se fez uma mesma Pessoa com sua carne, e a fez vivificante; pois, de outro modo, como poderia ser vivífica a carne humana? Nós celebramos nas igrejas o sacrifício santo e vivífico, mas não de uma forma cruenta, não crendo que o corpo e o sangue preciosos que nos são apresentados sejam o corpo e o sangue de um homem comum, mas os recebemos como sendo o próprio corpo e sangue do Verbo, porque o sangue de um homem comum é incapaz de vivificar (Jo 6,63).

> (São Cirilo de Alexandria († 444).
> Livro 4, contra Nestório)

Reza-se a oração *Alma de Cristo* ou *Nós vos adoramos*, como no encarte (ou p. 9).

Oração: Vinde, Divino Espírito Santo, ilustra nosso entendimento e compreensão, para abarcarmos pelo menos um pouco de tão grande mistério! Jesus derramou seu sangue por nós, o sangue de Deus correu na cruz! Mas na Eucaristia o sacrifício já foi realizado uma vez para sempre. Agora, ele apenas se atualiza, isto é, se faz presente, sem morte. Amém.

Em nome do Pai e do Filho e do
Espírito Santo. Amém.

V: Graças e louvores se deem a todo momento. (3x)
R: Ao santíssimo e diviníssimo sacramento. (3x)

Quantos dizem: Gostaria de ver sua forma [de Jesus], sua figura, sua roupa, seu calçado! Pois bem: tu o vês, tocas, comes. Querias ver sua roupa; contudo, Ele entrega-se a si mesmo não somente para que o vejas, mas para que o toques, o comas, o recebas dentro de ti. Portanto, que ninguém se aproxime com repugnância, ninguém com tibieza, mas todos fervorosos, todos ardentes, todos abrasados. Se os judeus comiam o cordeiro pascal de pé, calçados, com os báculos nas mãos, apressadamente, a ti convém muito mais que chegues vigilante e acordado. Porque eles deviam viajar para a Palestina, e por isso mesmo estavam de hábito de viajantes; mas tu tens que viajar para o céu.

(São João Crisóstomo († 407).
Sermão 82, sobre Mateus)

Reza-se a oração *Alma de Cristo* ou *Nós vos adoramos*, como no encarte (ou p. 9).

Oração: Vinde, Divino Espírito Santo, preparar-nos para a viagem. Não é por acaso que a Eucaristia dada aos gravemente enfermos foi chamada de "viático", isto é, para o caminho da última viagem. Não permita, Espírito de Amor, não permita que tenhamos de partir rumo à casa do Pai desprovidos de alimento. Dai-nos a graça da comunhão final. Amém.

Em nome do Pai e do Filho e do
Espírito Santo. Amém.

V: Graças e louvores se deem a todo momento. (3x)

R: Ao santíssimo e diviníssimo sacramento. (3x)

Quando se come a Cristo, se come a vida. Ele não necessita morrer para ser comido, pois é Ele que dá vida aos mortos. Quando Ele é comido, alimenta; mas não falta. Portanto, não temamos, irmãos, comer este pão como se houvéssemos de terminar com ele e depois não encontrássemos o que comer. Seja Cristo comido: Ele vive comido, porque ressuscitou após ter sido morto. Mesmo quando o comemos não o estamos partindo, e com certeza é assim que acontece no sacramento; e os fiéis sabem de que modo comem a carne de Cristo: cada um recebe a sua parte, de modo que a mesma graça se chama "partes". Se come por partes, mas fica inteiro; por partes se come no sacramento, e fica inteiro no céu, fica inteiro em teu coração. Pois Ele estava junto do Pai quando veio à Virgem; encheu-a e, apesar disso, não se afastou dele mesmo (no céu). Vinha à carne para que os homens o comessem, e ficava inteiro junto do Pai para alimentar os anjos.

> (Santo Agostinho († 430). Sermão sobre o Evangelho de São João. Morin, 375ss.)

Reza-se a oração *Alma de Cristo* ou *Nós vos adoramos*, como no encarte (ou p. 9).

Oração: Vinde, Divino Espírito Santo, fazei de nós participantes do mistério do vosso amor! Mas quantos não o querem! Não querem participar do mistério de amor presente no sacrário e no céu. Quantas hóstias sobram em cada missa... Onde estão meus filhos? Meus irmãos? Onde estão? Mas Deus não os abandona: aquelas hóstias que lá ficam, aguardam a volta do filho pródigo... Amém.

Em nome do Pai e do Filho e do
Espírito Santo. Amém.

V: Graças e louvores se deem a todo momento. (3x)

R: Ao santíssimo e diviníssimo sacramento. (3x)

O Abade Apolônio avisava os monges que comungassem todos os dias os mistérios de Cristo, para que não aconteça que aquele que se afaste deles se afaste também de Deus; porém, aquele que os recebe com mais frequência percebe-se que recebe com mais frequência ao próprio Salvador, porque o Salvador assim o disse: *Aquele que come a minha carne e bebe o meu sangue permanece em mim e eu nele* (Jo 6,57). E também na própria comemoração da paixão do Senhor, quando os monges a realizam com assiduidade, é-lhes de grande proveito como exemplo de paciência. Com isso se alerta para que cada um procure sempre estar preparado, de tal modo que não seja indigno dos mistérios do Senhor dado aos crentes.

(Timóteo de Alexandria, arquidiácono
(séc. IV-V). *História dos monges*, 7)

Reza-se a oração *Alma de Cristo* ou *Nós vos adoramos*, como no encarte (ou p. 9).

Oração: Vinde, Divino Espírito Santo, e ensina-nos a reconhecer na presença real de Jesus Cristo na Eucaristia um grande privilégio de amor. Que toda semana, ou até mesmo todos os dias, façamos o propósito de uma pequena visita ao Deus de Amor. Amém.

Em nome do Pai e do Filho e do
Espírito Santo. Amém.

V: Graças e louvores se deem a todo momento. (3x)
R: Ao santíssimo e diviníssimo sacramento. (3x)

    Deve-se acreditar verdadeiramente que a Igreja, mediante este tremendo e augusto sacramento, é o céu, que o altar do sacramento é o trono da majestade, que Cristo desce e é colocado sobre o altar, e continuamente Ele se dá a nós para a salvação de todos. Oh, filho do homem! Lança um olhar sobre a tua morada e contempla onde estás, a quem contemplas, a quem beijas, e a quem introduzes no teu coração. Encontras-te entre potestades celestiais: louva com os anjos, bendiz com os serafins, contempla a Cristo, beija a Cristo, recebe e degusta a Cristo, és enchido do Espírito Santo e és iluminado e continuamente fortalecido pela graça divina. Por isso vós, sacerdotes, vós os ministros e dispensadores do santo sacramento, aproximai-vos com temor, custodiai-o com anelo, administrai-o santamente e servi-o com esmero: tendes um tesouro real.

(João Mandakuni († 490). *Discurso sobre o respeito à Eucaristia*, 8-9. Weber, 223-234)

Reza-se a oração *Alma de Cristo* ou *Nós vos adoramos*, como no encarte (ou p. 9).

Oração: Vinde, Divino Espírito Santo, nos ensinar a reconhecer na Eucaristia um tesouro que vale a pena comprar a qualquer preço, renúncia, dedicação, entrega e amor. Fazei, Senhor, que o teu e nosso clero redescubra no mundo de hoje a vocação eucarística do amor e serviço aos irmãos. Amém.

Em nome do Pai e do Filho e do
Espírito Santo. Amém.

V: Graças e louvores se deem a todo momento. (3x)

R: Ao santíssimo e diviníssimo sacramento. (3x)

Aí tens, querido, as delícias deste variado convite: está disposto o doador de grandes dons; os dons divinos estão presentes; já está posta a mística mesa; misturada a vivificadora taça. O Rei da Glória envia para buscar, recebe o Filho de Deus, o Verbo de Deus encarnado exorta, a Sabedoria subsistente de Deus Pai, que edificou um templo para si, não feito de mãos humanas, reparte seu corpo como pão e dá a beber seu sangue vivificador como vinho. Ó tremendo mistério! Ó economia inefável! Ó condescendência incompreensível! Ó bondade insondável! O Criador permite-se usufruir da obra de suas mãos, a própria vida se dá a comer e beber aos mortais. "Vinde [exorta-lhes], comei meu pão e bebei o vinho que misturei para vós. Eu mesmo me prontifiquei para ser alimento; eu mesmo me misturei para aqueles que me desejam".

> (Teófilo de Alexandria († 412).
> Homilia sobre a mística ceia)

Reza-se a oração *Alma de Cristo* ou *Nós vos adoramos*, como no encarte (ou p. 9).

Oração: Vinde, Divino Espírito Santo, ensina-nos a amar como convém a tão grande mistério! O Criador brotou as mais variadas formas de vida, para que agora, numa imensa liturgia cósmica, a criação retorne ao seu criador purificada, divinizada, aguardando ansiosamente a manifestação e a liberdade dos filhos de Deus. Amém.

Em nome do Pai e do Filho e do
Espírito Santo. Amém.

V: Graças e louvores se deem a todo momento. (3x)

R: Ao santíssimo e diviníssimo sacramento. (3x)

Uma Virgem concebeu, isto é contra toda a ordem natural: e este mesmo corpo que saiu de uma Virgem é o mesmo que nós consagramos. Qual a finalidade de buscar a ordem natural no corpo de Jesus Cristo, quando este nasceu de uma Virgem contra a ordem natural? Jesus Cristo teve uma verdadeira carne, que esteve cravada na cruz e depois foi sepultada. A Eucaristia é verdadeiramente o sacramento desta carne, porque Jesus Cristo disse: *Isto é o meu corpo*. Antes da bênção destas palavras celestiais, era outra natureza; depois da consagração já é o corpo de Cristo. O mesmo acontece com o sangue: antes da consagração se dá outro nome; após a consagração se chama "sangue" e vós respondeis: "Amém", que significa: "Isso é verdade". Confesse interiormente o espírito aquilo que profere com a boca, e esteja o coração nos mesmos sentimentos que as palavras explicam. Esta sagrada comida é o alimento e fortaleza de nossa alma, e esta divina bebida enche de alegria o coração do homem.

> (Santo Ambrósio († 397). *Tratado dos sacramentos*, 4,20-21).

Reza-se a oração *Alma de Cristo* ou *Nós vos adoramos*, como no encarte (ou p. 9).

Oração: Vinde, Divino Espírito de Amor, porque este corpo que adoramos foi gerado milagrosamente e saiu da Virgem também de forma milagrosa. O Verbo feito carne mostrou-se Deus aos homens através deste corpo. Agora este mesmo corpo é alimento de vida eterna. Obrigado, Senhor. Amém.

Em nome do Pai e do Filho e do
Espírito Santo. Amém.

V: Graças e louvores se deem a todo momento. (3x)
R: Ao santíssimo e diviníssimo sacramento. (3x)

A seu convite Ele levou os povos e chamou a seu festim as nações. Saíram os arautos do Evangelho para convidar chamando em alta voz: "Vede, o Rei distribui o seu corpo; vinde, comei o pão da graça. Vós, os cegos, vinde, olhai a luz; escravos, recebei a liberdade. Vinde os sedentos, bebei o fogo; os mortos, vinde, recebei novamente a vida". Por este pão que é repartido de graça, já ninguém pode morrer de fome. Isaías bradou poderosamente em zelo profético: *comei pão e bebei vinho sem nenhuma paga*. Ele mesmo é o pão que desceu do céu, e que, embora não tenha sido semeado, lançou raízes na terra. Ele é a farinha de trigo cheio de pureza; porque o pecado não teve nenhum império sobre Ele.

(Cirilonas († final do séc. IV).
Homilia 1, sobre a Páscoa)

Reza-se a oração *Alma de Cristo* ou *Nós vos adoramos*, como no encarte (ou p. 9).

Oração: Vinde, Divino Espírito Santo, abrasar-nos nesse amor eucarístico; nesse amor gratuito, nesse amor desinteressado! Haverá amor mais gratuito do que este? Quem poderá algum dia dizer: "Não me deram acesso"? ou "Tentei, mas não pude pagar"? Este é um amor puro, santo, verdadeiro, um amor divino. Amém.

☦

Em nome do Pai e do Filho e do
Espírito Santo. Amém.

V: Graças e louvores se deem a todo momento. (3x)

R: Ao santíssimo e diviníssimo sacramento. (3x)

Esta é a carne do Cordeiro, este é o sangue. O pão mesmo que desceu do céu disse: *O pão que eu darei é a minha carne para a vida do mundo*. Também o sangue está bem simbolizado sob a espécie de vinho porque, declarando Ele no Evangelho: *Eu sou a vide verdadeira*, nos esclarece que o vinho que se oferece no sacramento da paixão é seu sangue... O mesmo Criador e Senhor da natureza, que faz com que a terra produza pão, também faz do pão seu próprio corpo – porque assim o prometeu e tem o poder de fazê-lo; e aquele que converteu a água em vinho faz do vinho seu sangue. *É a Páscoa do Senhor*, afirma a Escritura, isto é, sua *passagem*, para que não penses que continue sendo terreno aquilo pelo qual *passou* o Senhor quando fez disso seu corpo e seu sangue. Aquilo que recebes é o corpo daquele pão celestial e o sangue daquela sagrada vide. Porque, ao entregar aos seus discípulos o pão e o vinho consagrados, lhes disse: *Isto é meu corpo; Este é meu sangue.* Creiamos, pois, naquele em quem depositamos a nossa fé. A verdade não sabe mentir.

(São Gaudêncio de Bréscia († c. 410). *Tratado*, 2)

Reza-se a oração *Alma de Cristo* ou *Nós vos adoramos*, como no encarte (ou p. 9).

Oração: Vinde, Divino Espírito Santo, ensina-me teus mistérios, os mistérios do Deus insondável, mas crível. O corpo de Jesus... da paixão... da ressurreição... da Eucaristia... do corpo da *passagem* desta vida para a outra. Que outra? A vida eterna. Amém.

Em nome do Pai e do Filho e do
Espírito Santo. Amém.

V: Graças e louvores se deem a todo momento. (3x)
R: Ao santíssimo e diviníssimo sacramento. (3x)

Neste sacramento estão contidos o poder de nossa restauração e o preço de nossa redenção. A verdade está oculta para que a fé se exercite; o modo de viver de Cristo nos é apresentado como modelo de nossa vida. Por isso, quando o Senhor instituiu este sacramento e o transmitiu aos seus discípulos, disse: *Fazei isto em minha memória*. Fazei o que eu faço, oferecei o que eu ofereço, vivei como eu vos ensino, tirai de meu próprio exemplo a norma de viver e morrer. Este sacramento produz em nós este efeito: Cristo vive em nós e nós nele. Ele nos dá a possibilidade de morrer por Cristo, como Cristo morreu por nós. Aos que morrem em Cristo ou por Cristo lhes está reservada uma morte piedosa e um admirável prêmio. É-lhes prometida e reservada a glória daquela ressurreição da qual este sacramento, dignamente recebido, é prenda e salutar reparação.

(Balduíno de Cantorbery († 1190). *Tratado sobre o Santíssimo Sacramento da Eucaristia*)

Reza-se a oração *Alma de Cristo* ou *Nós vos adoramos*, como no encarte (ou p. 9).

Oração: Vinde, Divino Espírito Santo, nos lembrar a Escritura que diz: Ó morte, onde está tua vitória? Ó morte, onde está teu aguilhão? Maldita morte que vivia da seiva do pecado. Agora, a morte foi tragada pela vitória da ressurreição. Comungar é trazer em si o segredo da ressurreição eterna, para viver na eternidade sem fim... Amém.

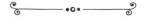

Em nome do Pai e do Filho e do
Espírito Santo. Amém.

V: Graças e louvores se deem a todo momento. (3x)

R: Ao santíssimo e diviníssimo sacramento. (3x)

Devemos ter presente que se trata de um mandato espiritual este de pedirmos o *pão de cada dia*, isto é, aquele pão celestial e espiritual que cada dia recebemos para remédio da alma e esperança da eterna salvação. Dele afirma o Senhor no Evangelho: *O pão celestial é minha carne que darei para a vida do mundo*. E assim Ele nos manda pedir este pão de cada dia, isto é, que pela misericórdia de Deus mereçamos receber cada dia o pão do corpo do Senhor. Pois diz o santo apóstolo: *Examine-se cada um a si mesmo, e então coma do pão e beba do cálice*. E novamente: *Quem come o pão do Senhor indignamente e bebe o cálice, será réu do corpo e do sangue do Senhor*. Portanto, não é sem motivo que devemos rezar sempre para merecer cada dia este pão celestial, para que não aconteça que por causa de algum pecado sejamos separados do corpo do Senhor.

(São Cromácio de Aquileia († 407). *Tratado sobre o Evangelho de São Mateus 14,5*)

Reza-se a oração *Alma de Cristo* ou *Nós vos adoramos*, como no encarte (ou p. 9).

Oração: Vinde, Divino Espírito Santo, ensina-nos a amar a Eucaristia diária. Auxilia-nos a ter a Eucaristia diária em todos os lugares. Olha, ó Pai, com vossa bondade, tantos rincões onde o Santíssimo Sacramento ainda não chegou. Fazei que o teu amor chegue até lá. Enquanto isso, Senhor, envie a esses rincões outros caminhos de salvação. Amém.

Em nome do Pai e do Filho e do
Espírito Santo. Amém.

V: Graças e louvores se deem a todo momento. (3x)

R: Ao santíssimo e diviníssimo sacramento. (3x)

Leva contigo à casa da misericórdia (a Igreja) pão, vinho e amor; assim, também o sacerdote entrará ante a Majestade lembrando-se de ti. Nas pedras preciosas do Efod (Ex 28), Moisés tinha escrito os nomes das tribos, para que o sacerdote levasse em si a lembrança delas ao Santo dos Santos. Grava tu também, no pão do sacrifício, a lembrança de ti e de teus familiares falecidos, dando ao sacerdote dons que ele ofereça diante de Deus. Prepara um convite e chama a ele os teus falecidos para que venham ao sacrifício, que serve a todas as almas para que se robusteçam e fortaleçam. Tem compaixão com o falecido, demonstre assim teu amor para com ele, não necessariamente preparando grandes solenidades de luto, as quais não têm valor algum para ele. Apresenta a Deus seu nome e a lembrança dele, juntamente com uma oferenda, e tua fé não acabará desiludida por sua justiça.

> (Tiago de Sarug († 521). Homilia sobre os defuntos e o sacrifício eucarístico)

Reza-se a oração *Alma de Cristo* ou *Nós vos adoramos*, como no encarte (ou p. 9).

Oração: Vinde, Divino Espírito Santo, Espírito de amor e abrasamento. Lembra-te daqueles que já partiram dentre nós. Que nossa fé na Eucaristia nos una a eles numa só comunhão dos santos. Que cada santa missa una misteriosamente o céu e a terra numa única realidade. Amém.

Em nome do Pai e do Filho e do
Espírito Santo. Amém.

V: Graças e louvores se deem a todo momento. (3x)

R: Ao santíssimo e diviníssimo sacramento. (3x)

Se queres inquirir sobre Ele, veja, no céu está; mas se crês, veja, no templo está. Se o busca para sofismar sobre Ele, Ele se retira de tuas artes, fechando-se na altura do seu céu; mas se desejas vê-lo com devoção, Ele se aproxima cheio de amor junto a tua simplicidade. Sim, tua força é mais fraca que a dos anjos, mas a tua dignidade é igual à dos espíritos celestiais. Aqueles o servem com temor, nós o recebemos cheios de confiança como alimento. Para que pudesse ser encontrado na terra, Ele construiu para si uma casa entre os mortais e ergueu altares como presépios para que a Igreja possa degustar neles a vida. Ninguém se engane: aqui mora o Rei! Vamos ao templo para contemplá-lo. Ali onde a doença encontra entrada fácil, está também o médico a aguardando. Seu corpo (eucarístico) é visível, mas o fogo está oculto, para que a mão do homem não se retraia espantada ante isso. Ele é terrível no céu, mas é suave na terra, para que ninguém tema aproximar-se dele.

(Balaj/Baleus († 460). Hino à dedicação da nova igreja)

Reza-se a oração *Alma de Cristo* ou *Nós vos adoramos*, como no encarte (ou p. 9).

Oração: Vinde, Divino Espírito Santo, ensina-nos a amar e frequentar com assiduidade a casa de Deus. É no templo que vamos contemplá-lo, mas a quantos falta isso descobrir! Rezar em casa? Bom. Rezar no templo, diante do sacrário com a pequena luz acesa? Ótimo. Lá anjos dançam e tocam cítaras, não ouves? Não crês? Amém.

Em nome do Pai e do Filho e do
Espírito Santo. Amém.

V: Graças e louvores se deem a todo momento. (3x)
R: Ao santíssimo e diviníssimo sacramento. (3x)

Do céu dos céus se desprendeu aquele carvão (Is 6,1-6) que hoje é consagrado e respeitosamente levado nas mãos dos sacerdotes, destes irmãos e companheiros de ministério dos anjos celestiais, os quais, com perfeita harmonia, erguem sua voz tremendo diante de ti. Também nós, embora enredados em pecados, queremos, como eles, cantar e clamar: Santo és Tu, ó meu Deus!, que dás o Santo aos santos. Santifica-nos por teus ministérios celestiais, a nós que clamamos a ti. Santo és Tu, ó Forte!, que com tua força poderosa descobriste a fraude do maligno e nos tens proporcionado armas para vencê-lo e ver-nos livres de suas intrigas. Santo és Tu, ó Imortal!; te louvamos porque foste crucificado por nós. Pois pela porta de teu costado aberto na cruz foi santificada a terra, a que antes estava maldita pela transgressão que Adão fez do mandamento. Louvor seja dado a ti, ó Senhor, acima de todas as coisas!

(Rábulas de Edessa († c. 436).

Reza-se a oração *Alma de Cristo* ou *Nós vos adoramos*, como no encarte (ou p. 9).

Oração: Vinde, Divino Espírito Santo, e fala-me do dom do temor... Anjos e sacerdotes tremem diante de Deus. Sua glória é imensa, seu poder onipotente. O mundo tem esquecido do temor que Deus merece, e que o temor é o princípio da sabedoria. Ser sábio: saber discernir o bem e o mal, o caminho do céu e o da perdição. Amém.

Em nome do Pai e do Filho e do
Espírito Santo. Amém.

V: Graças e louvores se deem a todo momento. (3x)

R: Ao santíssimo e diviníssimo sacramento. (3x)

Inicialmente, Jesus tomou em suas mãos pão ordinário, e o abençoou, o persignou e o consagrou no nome do Pai e no nome do Espírito Santo, e o partiu e distribuiu aos seus discípulos um a um em sua bondade acolhedora; e ao pão Ele chamou seu corpo vivo e o encheu de si mesmo e do Espírito; e estendendo a mão, deu-lhes o pão que com sua destra havia santificado: *Tomai, comei todos* disto que minha palavra tem santificado. O que agora vos dei não o julgueis pão, tomai, comei, e não piseis em suas migalhas; o que chamo de meu corpo, o é de verdade. Uma mínima migalha sua pode santificar milhões e basta para dar vida a todos os que a comem. Tomai, comei com fé, sem duvidar um ponto de que isto é meu corpo, e aquele que o come com fé, come nele fogo e Espírito; mas se alguém o come com dúvidas, para ele se faz simples pão; mas quem come com fé o pão santificado em meu nome, se é puro, puro se conserva; se pecador, é perdoado.

(Santo Efrém († 372). Sermão 4, na Semana Santa)

Reza-se a oração *Alma de Cristo* ou *Nós vos adoramos*, como no encarte (ou p. 9).

Oração: Vinde, Divino Espírito Santo, fogo que arde, mas não consome. O pão eucarístico está cheio de ti, nele está fogo e Espírito, oculto sob os véus. O homem não teria coragem de se aproximar de tal mistério se visse tudo isso. Perdão, Divino Espírito, por todas profanações e desleixos no trato eucarístico. A justiça divina exige reparação. Amém.

Em nome do Pai e do Filho e do
Espírito Santo. Amém.

V: Graças e louvores se deem a todo momento. (3x)
R: Ao santíssimo e diviníssimo sacramento. (3x)

Tendo aprendido estas coisas, estás convencido de que aquilo que te parece pão, mesmo que o gosto se assemelhe, é o corpo de Cristo; e o vinho que parece vinho, não é vinho, embora o gosto assim te sugira, mas é o sangue de Cristo. Sobre isso Davi disse antigamente, cantando: *o pão fortifica o coração do homem e sobre sua fronte brilha o óleo*. Fortifica o teu coração, comendo o pão espiritual, e se alegre a face de tua alma. Que tua fronte descoberta em uma consciência pura possa refletir, como num espelho, a glória do Senhor, e progredir de glória em glória em Jesus Cristo, nosso Senhor, a quem seja dada a glória pelos séculos dos séculos. Amém.

(São Cirilo de Jerusalém († 387).
Mistagógica, 4,9)

Reza-se a oração *Alma de Cristo* ou *Nós vos adoramos*, como no encarte (ou p. 9).

Oração: Vinde, Divino Espírito Santo, e fortalece-nos cada dia com a divina Eucaristia. Que a Eucaristia seja para nós a fonte da fé no mistério, a nascente do fortalecimento, o manancial da alegria diária. Que toda depressão e abatimento sejam vencidos pela poderosa força do mistério eucarístico. Amém.

Em nome do Pai e do Filho e do
Espírito Santo. Amém.

V: Graças e louvores se deem a todo momento. (3x)

R: Ao santíssimo e diviníssimo sacramento. (3x)

Ao dar seu corpo e seu sangue, o Filho do Altíssimo pronunciou estas palavras: "Este é meu corpo que tenho entregado pelos pecados do mundo, e este é meu sangue, que tenho desejado derramar pelas ofensas. Qualquer um que coma a minha carne com amor, e beba o meu sangue, viverá para sempre; e ele permanece em mim e eu permaneço nele. Façam isso em minha memória, dentro de suas *synaxes* (assembleias), e recebam com fé meu corpo e meu sangue. Ofereçam o pão e o vinho como eu lhes ensinei, e serei eu a operar convertendo-os no corpo e no sangue. Eu farei do pão o corpo, e do vinho o sangue, mediante a vinda e a operação do Espírito Santo". Foi assim que falou aos seus discípulos aquele que deu a vida ao mundo, chamando pão a seu corpo e vinho a seu sangue. Não chamou-os figura ou semelhança, mas corpo real e sangue verdadeiro. E ainda que a natureza do pão e do vinho seja incomensuravelmente diferente dele, contudo, pelo poder e pela união, o corpo é um.

(Narsai († 502). Homilia 17).

Reza-se a oração *Alma de Cristo* ou *Nós vos adoramos*, como no encarte (ou p. 9).

Oração: Vinde, Divino Espírito Santo, e ensina-nos a ter a mesma fé das origens. Foi a razão humana ensoberbecida que pôs em dúvida a presença real de Jesus no pão e no vinho eucarísticos. Ela deveria juntamente com a fé elevar-nos às realidades celestes, mas quis subir sozinha... Creio, Senhor, mas aumentai a minha fé! Amém.

Em nome do Pai e do Filho e do
Espírito Santo. Amém.

V: Graças e louvores se deem a todo momento. (3x)

R: Ao santíssimo e diviníssimo sacramento. (3x)

Vede de onde brota esta fonte (Jr 2,13): ela vem do lugar donde desceu o Pão; porque o Pão e a fonte são um: o Filho único, nosso Deus, Jesus Cristo o Senhor, do qual sempre devemos ter sede. Ainda que o comamos e o consumamos com nosso amor, nosso desejo produz ainda mais sede dele. Como a água de uma fonte, o bebamos sempre com um imenso amor; o bebamos com toda a nossa avidez, e desfrutemos a sua doçura. Porque o Senhor é suave e bom. Quer o comamos e o bebamos, sempre teremos fome e sede dele, porque Ele é um alimento e uma bebida absolutamente inesgotáveis. Quando o comemos, não se consome; quando o bebemos, não desaparece; porque nosso Pão é eterno e perpétua a nossa fonte, nossa doce fonte. Disto fala o profeta: *Os que têm sede venham à fonte* (Is 55,1). Realmente, é a fonte dos sedentos, não a dos satisfeitos. Aos sedentos, que em outro lugar declara "bem-aventurados" (Mt 5,6), os convida: Os que não têm o bastante para beber, mas que quanto mais bebem mais sede têm.

São Columbano († 655). *Instrução*, 13,1-2)

Reza-se a oração *Alma de Cristo* ou *Nós vos adoramos*, como no encarte (ou p. 9).

Oração: Vinde, Divino Espírito Santo, e dá-nos cada vez mais sede de Jesus, da oração, dos sacramentos. Que mistério este: quanto mais bebo, mais sede tenho. Assim a pedagogia divina agiu: Quando vou à Eucaristia, me sacio; quando vou embora, já quero voltar. Por que isso acontece? Como é bom estarmos aqui... Façamos três tendas... Amém.

Em nome do Pai e do Filho e do
Espírito Santo. Amém.

V: Graças e louvores se deem a todo momento. (3x)
R: Ao santíssimo e diviníssimo sacramento. (3x)

Os serafins cantavam em alta voz este cântico: *Santo, Santo, Santo o Senhor, de cujos louvores estão cheios os céus e a terra* (Is 6,3). Tendo, então, visto isso em uma revelação espiritual, o profeta [Isaías] caiu sobre seu rosto, porque lembrou-se da debilidade humana, cheia de pecado e de miséria. Um dos serafins lhe foi enviado, e com um tenaz tomou de sobre o altar um carvão ardente e aproximou dos seus lábios, dizendo: *Eis que o carvão foi aproximado de teus lábios, que passe a tua iniquidade e sejam perdoados os teus pecados*. Tinha, pois, carvões ardentes sobre o altar, revelação do mistério que devia ser transmitido a nós. Contudo, o carvão inicialmente era negro e frio; mas quando foi aproximado do fogo, tornou-se luminoso e quente. O alimento do sagrado mistério também devia ser algo semelhante: porque o que é apresentado é pão e vinho comuns, mas mediante a vinda do Espírito Santo é transformado em corpo e sangue; transforma-se, assim, na virtude de um alimento espiritual e imortal.

(Teodoro de Mopsuéstia († 655). *Homilia*, 16,36)

Reza-se a oração *Alma de Cristo* ou *Nós vos adoramos*, como no encarte (ou p. 9).

Oração: Vinde, Divino Espírito Santo, porque queremos viver o mistério. Os carvões ardentes sobre o altar, que Isaías viu, nos trazem a imagem do mistério. Na missa, hóstias brancas de farinha sem fermento. Cibórios cheios, tanta simplicidade, e tanto amor. Como é bela a simplicidade com a qual Deus quis ficar conosco. Amém.

Em nome do Pai e do Filho e do
Espírito Santo. Amém.

V: Graças e louvores se deem a todo momento. (3x)
R: Ao santíssimo e diviníssimo sacramento. (3x)

Este é o verdadeiro pão que desceu do céu. Quem come deste pão, não morrerá jamais. Eles ouviram a sua palavra, mas não conseguiram compreendê-la imediatamente com o espírito. Então, Ele repetiu a mesma palavra novamente pela segunda e terceira vez, para que chegasse facilmente aos seus ouvidos e conseguissem entender com a fé a força da palavra. Ele disse: *Eu sou o pão vivo que desceu do céu, quem come deste pão não experimentará a morte.* Esse é o pão que Ele nos ensina a pedir a Deus na oração como permanente. Se prestas atenção, o que come este pão com pureza e se prepara para recebê-lo como convém, não necessita do reino deste mundo. Em mãos mortais se coloca o pão imortal, e na mesma hora essas mãos também se tornam imortais. O homem inteiro se espiritualiza em espírito, alma e corpo e se faz partícipe de Cristo quando come este pão. Só é necessário guardar imaculado até o fim o princípio da força. Já não há nenhum sofrimento terreno que possa vencê-lo.

> (Eliseo/Elische († c. 480). *Explicação do Pai-nosso*, 7)

Reza-se a oração *Alma de Cristo* ou *Nós vos adoramos*, como no encarte (ou p. 9).

Oração: Vinde, Divino Espírito Santo, e ensina-nos a viver da Eucaristia com primazia, porque este sacramento transmite a graça de transformar o homem inteiro, e não só a sua alma. Somos chamados às realidades celestes, desapeguemo-nos dos bens terrestres. Amém.

Em nome do Pai e do Filho e do
Espírito Santo. Amém.

V: Graças e louvores se deem a todo momento. (3x)
R: Ao santíssimo e diviníssimo sacramento. (3x)

Aproximai-vos, pois, cheios de reverência e cheios de temor, porque isto não é outra coisa senão Jesus Cristo mesmo que se doou a vós como comida. Não se apavorem, contudo, de comer um Deus, pois foi Ele mesmo que o ordenou. Mas, então, quando se come Jesus Cristo, se come outra coisa senão a própria vida? Este é o tesouro da minha fé que encontrei no campo tão bem cultivado da Igreja Católica. Esta é a fé que a graça de Jesus Cristo me tem ensinado no seio desta mesma Igreja que é a minha mãe, e que ela tem se dignado continuamente fazer crer em minha alma desde o dia do meu batismo. É assim que eu o creio diante de Deus; é assim que eu o confesso de boca diante dos homens, para que os homens sejam persuadidos de minha fé pelo conhecimento que lhes doei; e que minha alma, em quem a imagem de Deus mesma está gravada, renda-lhe um fiel testemunho.

(Alcuíno, diácono († 804). Confissão de fé. *Tratado do Corpo e Sangue do Senhor*, parte 4,5)

Reza-se a oração *Alma de Cristo* ou *Nós vos adoramos*, como no encarte (ou p. 9).

Oração: Vinde, Divino Espírito Santo, e fazei que os nossos corações acolham os ensinamentos da nossa santa Igreja. Nossa Mãe, a Igreja, nos acompanha desde o nascimento até a sepultura. Não é lindo? O que seria de nós sem a Igreja para nos ensinar a amar o divino sacramento? Amém.

Em nome do Pai e do Filho e do
Espírito Santo. Amém.

V: Graças e louvores se deem a todo momento. (3x)

R: Ao santíssimo e diviníssimo sacramento. (3x)

Aquele que não recebe uma parte das espécies consagradas não deixa de receber todo inteiro o santíssimo corpo e o adorável sangue do Senhor. Pois ainda que o corpo e o sangue sejam divididos e distribuídos a todos – para que Ele se misture em cada um deles –, Ele não deixa de permanecer sempre indivisível em si mesmo: como um só carimbo impresso sobre várias ceras diferentes, confere-lhes, a cada uma em particular, sua figura e forma completa, assim não deixa de permanecer sempre único em si mesmo, sem que a multiplicidade dos sujeitos que recebem a impressão de sua imagem divida ou altere a sua unidade.

(Eutiques de Constantinopla († séc. V)

Reza-se a oração *Alma de Cristo* ou *Nós vos adoramos*, como no encarte (ou p. 9).

Oração: Vinde, Divino Espírito Santo, e faz-nos amar cada vez mais tão misterioso sacramento. São tantos mistérios ligados a este sacramento que o homem acaba constrangido pelo amor de Deus: *o amor de Cristo nos constrange* (2Cor 5,14). Sim, Deus que nos amou por primeiro, amou-nos até o fim. Amém.

Em nome do Pai e do Filho e do
Espírito Santo. Amém.

V: Graças e louvores se deem a todo momento. (3x)

R: Ao santíssimo e diviníssimo sacramento. (3x)

Tomemos também nosso capacete espiritual, para que, protegidos os nossos ouvidos, não escutemos os éditos idolátricos, e, protegidos nossos olhos, não vejamos os detestáveis ídolos. Que o capacete proteja também nossa fronte para que se conserve incólume o sinal de Deus, e nossa boca para que a língua vitoriosa confesse a seu Senhor Cristo. Armemos a destra com a espada espiritual, para que rejeite com firmeza os sacrifícios sacrílegos e, lembrando-se da Eucaristia, na qual recebe o corpo do Senhor, se una a ele para poder depois receber das mãos do Senhor o prêmio da coroa eterna. Que estas verdades, irmãos amados, fiquem esculpidas nos vossos corações. Se realmente meditamos nessas coisas, quando chegar o dia da perseguição o soldado de Cristo, instruído por seus preceitos e advertências, não só não temerá o combate, mas estará preparado para o triunfo.

(São Cipriano († 258). Carta 58)

Reza-se a oração *Alma de Cristo* ou *Nós vos adoramos*, como no encarte (ou p. 9).

Oração: Vinde, Espírito Santo, para que possamos compreender e desejar a vida eterna com todas as nossas forças. O homem passa a vida buscando a felicidade, e custa a admitir que só será feliz junto de Deus. Enquanto não o admite, sofre. Vida eterna, felicidade sem fim. Amém.

Em nome do Pai e do Filho e do
Espírito Santo. Amém.

V: Graças e louvores se deem a todo momento. (3x)
R: Ao santíssimo e diviníssimo sacramento. (3x)

Nele [em Jesus] estão o fim e a consumação da Lei; nele está a plenitude da graça e da verdade; nele está *o mistério da fé*, o fundamento da esperança, o testemunho do meu amor, a exemplo de vossa obediência, *o penhor de vossa herança* (Ef 1,14), o sacramento de vossa renovação, a confirmação de vossa religião. "Realmente, o Novo Testamento tem sido confirmado em meu sangue, para nunca ser mudado, mas permanecer *uma lei perpétua*" (Ex 28,43). O cálice é um filtro de amor, que o Cristo nos tem preparado segundo uma arte só por Ele conhecida. Com seu sangue derramado sobre a cruz, Ele derramou o seu amor; com seu sangue que Ele nos faz beber, ele nos faz beber também o seu amor, nos *lavando de nossos pecados em seu sangue* (Ap 1,5). É isso o que nos convinha: sujos de sangue, nós devemos ser purificados pelo sangue.

> (Balduíno de Ford († 1190). *O sacramento do altar*, 2,2)

Reza-se a oração *Alma de Cristo* ou *Nós vos adoramos*, como no encarte (ou p. 9).

Oração: Vinde, Divino Espírito de Amor, enchei o coração dos vossos fiéis e acendei neles o fogo do vosso amor. Vossos sinais sacramentais, Senhor, são um encanto para nós. Como se fossem uma espécie de ímã, eles atraem e seduzem as almas sedentas. Eles nos chamam através dos sinos e da saudade e sede dos corações. Amém.

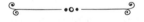

Em nome do Pai e do Filho e do
Espírito Santo. Amém.

V: Graças e louvores se deem a todo momento. (3x)

R: Ao santíssimo e diviníssimo sacramento. (3x)

A igreja é o lugar onde se oferece o sacrifício místico e vivente. A santa mesa representa o túmulo de Jesus Cristo: porque é sobre ela que se apresenta o pão celeste e verdadeiro; isto é, o sacrifício místico e não sangrento, que não é outro que o próprio Jesus Cristo, que estando imolado tem doado a sua carne e seu sangue para servir aos fiéis como um alimento e como uma bebida que lhes comunique a vida eterna. Essa mesa também é o trono de Deus, sobre a qual Ele quer que seu corpo repouse, e seja novamente elevado acima dos céus, e que Ele seja levado sobre os querubins. É nessa mesa que Ele está, também agora, sentado no meio de seus apóstolos, como outrora naquela em que fez a ceia mística, depois que tomando o pão e o vinho Ele lhes disse: tomai, bebei e comei, porque é meu corpo e meu sangue.

(São Germano de Constantinopla († 729/733)

Reza-se a oração *Alma de Cristo* ou *Nós vos adoramos*, como no encarte (ou p. 9).

Oração: Vinde, Divino Espírito Santo, Senhor que dá a vida. Que bonito quando chamamos este sacramento de "sacrifício místico", "ceia mística", porque aqui o mistério está sempre presente. Mas a mística é mais do que isso. Mística é experiência do mistério! Obrigado, Senhor, por deixar-nos experimentar e saborear a tua realidade divina. Amém.

Em nome do Pai e do Filho e do
Espírito Santo. Amém.

V: Graças e louvores se deem a todo momento. (3x)

R: Ao santíssimo e diviníssimo sacramento. (3x)

Nenhuma alma de forma alguma pode alcançar a salvação, a não ser que creia enquanto está na carne: a tal ponto a carne é o eixo da salvação. A propósito da qual, quando a alma está estreitamente unida a Deus, ela é a que faz com que a alma possa estar assim unida. Isto é, que a carne é lavada para que a alma seja limpa; a carne é ungida para que seja consagrada a alma; a carne é assinalada para que seja fortalecida também a alma; se faz sombra à carne com a imposição das mãos, para que também a alma seja iluminada pelo Espírito; a carne é alimentada com o corpo e o sangue de Cristo para que também a alma se sacie de Deus. Portanto, não podem ser separadas no prêmio aquelas que unem o mesmo trabalho.

(Tertuliano († c. 220). *Sobre a ressurreição da carne*, 8)

Reza-se a oração *Alma de Cristo* ou *Nós vos adoramos*, como no encarte (ou p. 9).

Oração: Vinde, Divino Espírito Santo, Vós que sois adorado e glorificado com o Pai e o Filho. Nossos corpos são templos do Espírito Santo desde o batismo, e devem nos auxiliar a chegar à casa do Pai. Por seus méritos e graça de Deus, participará da ressurreição no último dia. Amém.

Em nome do Pai e do Filho e do
Espírito Santo. Amém.

V: Graças e louvores se deem a todo momento. (3x)

R: Ao santíssimo e diviníssimo sacramento. (3x)

O Corpo de Cristo não se converte, como qualquer outro alimento, na substância de quem o come; pelo contrário, quem o come é que se muda espiritualmente nele. Pois o Senhor faz com que ele comungue dignamente como membro de seu corpo místico, e, incorporando-o a si mesmo, une-o intimamente ao mesmo Corpo que assumiu no seio da Virgem. Por isso afirma o apóstolo: *Todos nós que participamos do mesmo pão, nos tornamos um só corpo* (1Cor 12,27). E Oseias exclama e prediz que os povos convertidos sentar-se-ão à sombra dele, e *viverão de trigo* (Os 14,8), que é o mesmo que dizer: viverão do sacramento eucarístico, chamado aqui *sombra de Cristo*, pois para isso o Senhor doa-se a nós, não em sua luz, mas sob a espécie de pão. Os povos que comerem deste pão misterioso serão transformados em seus membros, e desse modo o farão crescer.

(Santo Alberto Magno († 1283). O sacramento do amor. *Elevações sobre o mistério eucarístico*, III, 3,3)

Reza-se a oração *Alma de Cristo* ou *Nós vos adoramos*, como no encarte (ou p. 9).

Oração: Vinde, Divino Espírito Santo, iluminar e renovar a face da terra. Senhor, os grãos que formam a espiga se unem para serem pão; os homens que são Igreja se unem pela oblação. Que mistério! Comer o pão eucarístico e tornar-se membro do Corpo Místico de Cristo. Amém.

Em nome do Pai e do Filho e do
Espírito Santo. Amém.

V: Graças e louvores se deem a todo momento. (3x)
R: Ao santíssimo e diviníssimo sacramento. (3x)

Separados já dos infiéis, renascidos pela água do batismo [os fiéis], unem-se na fé com o vínculo da caridade por obra do Espírito Santo, assim como os pães cozidos no forno são alterados em brancura, enquanto examinados no caminho da tribulação são remodelados à imagem de Deus. Desse modo se fazem pão do pão de Cristo aqueles que não morrem para sempre.

Esse sacramento se faz com vinho, porque Cristo disse que Ele era uma vide, e a Escritura o chama *vinho da alegria*. A uva, esmagada com dois madeiros no lagar, desfaz-se em vinho, e quando Cristo foi esmagado com os dois madeiros da cruz, seu sangue foi derramado como bebida para os fiéis. Por isso o sangue de Cristo se faz com vinho: pois ele é extraído de muitos grãos, e porque a Igreja é recriada por meio desse corpo de Cristo, sendo uma congregação de muitos fiéis. Esta é pisada pelas angústias do mundo, como sob uma prensa, e é incorporada a Cristo atravessando as paixões.

(Honório de Autum († séc. XII).
A gema da alma, I,32s.)

Reza-se a oração *Alma de Cristo* ou *Nós vos adoramos*, como no encarte (ou p. 9).

Oração: Vinde, Divino Espírito Santo, seiva da videira do Pai! A vide foi esmagada no altar da cruz. Seu sangue derramado foi recolhido pelos anjos, a fim de que nada se perca. Nosso sangue de cada dia, do sofrimento, fome, doença... Tudo se une ao cálice da salvação pela redenção do mundo. Amém.

MEDITAÇÕES-RESERVA

Em nome do Pai e do Filho e do
Espírito Santo. Amém.

V: Graças e louvores se deem a todo momento. (3x)

R: Ao santíssimo e diviníssimo sacramento. (3x)

Belém, que significa "casa do Pão", é a primeira que se apresenta para o alimento das almas santas, na qual primeiramente este Pão vivo que desceu do céu se fez visível depois que a Virgem santa lhe deu a luz do mundo. Ali se mostra o presépio que serve aos piedosos animais, e neste presépio o feno, que foi produzido no prado virginal, a fim de que ao menos por este meio o boi reconheça o seu Dono, e o asno o presépio de seu Senhor. De fato, *toda carne é feno, e toda a sua glória é como a flor do feno* (Is 46). Mas não compreendendo o homem a honra na qual fora criado, foi com justiça comparado aos animais irracionais, e se tornou semelhante a eles; o Verbo, que era pão dos anjos, se fez a comida dos animais, para que aquele que tinha deixado de se alimentar do pão do Verbo tivesse o feno da carne para comê-lo, até que, sendo restabelecido em sua primeira dignidade pelo Homem-Deus, e mudado pela segunda vez de animal em homem, ele pudesse dizer com São Paulo: *Mesmo que tenhamos conhecido a Jesus Cristo segundo a carne, agora já não o conhecemos mais assim.*

(São Bernardo de Claraval († 1153)

Em nome do Pai e do Filho e do
Espírito Santo. Amém.

V: Graças e louvores se deem a todo momento. (3x)

R: Ao santíssimo e diviníssimo sacramento. (3x)

Da mesma forma que o tronco da vide depositado na terra dá fruto no tempo certo e o grão de trigo ao cair na terra e decompor-se surge multiplicado pelo Espírito de Deus que mantém todas as coisas – de sorte que, pela sabedoria de Deus, logo pode ser colocado ao uso do homem, e recebendo a Palavra de Deus se converte na Eucaristia, que é o corpo e o sangue de Cristo –, assim também nossos corpos, que se alimentam deles, são colocados na terra e se decompõem nela, ressurgirão a seu próprio tempo, quando a Palavra do Senhor lhes conceder o dom da ressurreição para a glória de Deus Pai. Na verdade, Ele é quem confere a imortalidade ao que é mortal, e dá a incorrupção ao corruptível, porque o poder de Deus se manifesta na fraqueza.

(Santo Irineu de Lião († 202).
Contra as heresias, 5)

Referências

Chefs-d'oeuvre des Pères de l'Église. 15 vols. Paris: Dondey-Dupré, 1837.

DU PIN, E. *Nouvelle bibliotheque des auteurs ecclesiastiques.* 10 vols. Paris: Jean Broedelet, 1731.

GUILLON, M.N.S. *Bibliothèque choisie des Pères de l'Église Grecque et Latine.* 36 vols. Paris: Mequignon-Havard, 1824.

JEROSME, P. *Bibliotheque ascetique.* 7 vols. Paris: Guillaume Desprez, 1761.

MIGNE, J.-P. *Patrologia Grega.*

_____. *Patrologia Latina.*

Tradition de l'Église touchant l'Eucharistie. Paris: Pierre Le Petit, 1661.

TRICALET, M. *Biblioteca portatil de los Padres y Doctores de la Iglesia.* 10 vols. Madri: Imprenta Real, 1790.

Santos Padres da Igreja

Alcuíno, diácono, p. 54

Balaj/Baleus, p. 38

Balduíno de Cantorbery, p. 32

Balduíno de Ford, p. 60

Cirilonas, p. 28

Eliseo/Elische, p. 52

Eutiques de Constantinopla, p. 56

Honório de Autum, p. 68

João Mandakuni, p. 22

Narsai, p. 46

Rábulas de Edessa, p. 40

Santo Agostinho, p. 18

Santo Alberto Magno, p. 66

Santo Ambrósio, p. 26

Santo Efrém, p. 42

Santo Irineu de Lião, p. 74

São Bernardo de Claraval, p. 72

São Cesáreo de Arles, p. 10

São Cipriano, p. 58

São Cirilo de Alexandria, p. 14

São Cirilo de Jerusalém, p. 44

São Columbano, p. 48

São Cromácio de Aquileia, p. 34

São Gaudêncio de Bréscia, p. 30

São Germano de Constantinopla, p. 62

São João Crisóstomo, p. 16

São João Damasceno, p. 12

Teodoro de Mopsuéstia, p. 50

Teófilo de Alexandria, p. 24

Tertuliano, p. 64

Tiago de Sarug, p. 36

Timóteo de Alexandria, arquidiácono, p. 20

CULTURAL

Administração – Antropologia – Biografias
Comunicação – Dinâmicas e Jogos
Ecologia e Meio Ambiente – Educação e Pedagogia
Filosofia – História – Letras e Literatura
Obras de referência – Política – Psicologia
Saúde e Nutrição – Serviço Social e Trabalho
Sociologia

CATEQUÉTICO PASTORAL

Catequese – Pastoral
Ensino religioso

REVISTAS

Concilium – Estudos Bíblicos
Grande Sinal
REB – SEDOC

TEOLÓGICO ESPIRITUAL

Biografias – Devocionários – Espiritualidade e Mística
Espiritualidade Mariana – Franciscanismo
Autoconhecimento – Liturgia – Obras de referência
Sagrada Escritura e Livros Apócrifos – Teologia

PRODUTOS SAZONAIS

Folhinha do Sagrado Coração de Jesus
Calendário de mesa do Sagrado Coração de Jesus
Agenda do Sagrado Coração de Jesus
Almanaque Santo Antônio – Agendinha
Diário Vozes – Meditações para o dia a dia
Encontro diário com Deus
Guia Litúrgico

VOZES NOBILIS

Uma linha editorial especial, com importantes autores, alto valor agregado e qualidade superior.

VOZES DE BOLSO

Obras clássicas de Ciências Humanas em formato de bolso.

CADASTRE-SE
www.vozes.com.br

EDITORA VOZES LTDA.
Rua Frei Luís, 100 – Centro – Cep 25689-900 – Petrópolis, RJ
Tel.: (24) 2233-9000 – Fax: (24) 2231-4676 – E-mail: vendas@vozes.com.br

UNIDADES NO BRASIL: Belo Horizonte, MG – Brasília, DF – Campinas, SP – Cuiabá, MT
Curitiba, PR – Fortaleza, CE – Goiânia, GO – Juiz de Fora, MG
Manaus, AM – Petrópolis, RJ – Porto Alegre, RS – Recife, PE – Rio de Janeiro, RJ
Salvador, BA – São Paulo, SP